ISBN: 978-1-912484-13-3
Published by Angelis Publications
www.angelispublications.com

Welcome

_____

_____

_____

_____

_____

_____

_____

We're happy you could join us!

Guests

Guests

Guests

Guests

Guests

Guests

_____   _____

_____

_____   _____

_____

_____   _____

_____

_____   _____

_____

_____   _____

_____

_____

Guests

Guests

Guests

Guests

Guests

Guests

Guests

Guests

Guests

Guests

Guests

Guests

_____   _____

_____   _____

_____   _____

_____   _____

_____   _____

_____   _____

_____   _____

_____   _____

_____   _____

_____   _____

Guests

Guests

_____

_____

_____

_____

_____

Guests

Guests

Guests

Guests

Guests

Guests

Guests

Guests

_____   _____

_____   _____

_____   _____

_____   _____

_____   _____

_____   _____

_____   _____

_____   _____

_____   _____

_____   _____

Guests

Guests

Guests

Guests

Guests

Guests

Guests

Guests

Guests

Guests

_____   _____

                                   _____

                                   _____

_____   _____

                                   _____

                                   _____

_____   _____

                                   _____

                                   _____

_____   _____

                                   _____

                                   _____

_____   _____

                                   _____

Guests

Guests

_____   _____

_____   _____

_____   _____

_____   _____

_____   _____

_____   _____

_____   _____

_____   _____

_____   _____

_____   _____

_____

_____

Guests

Guests

_____   _____

_____

_____   _____

_____

_____   _____

_____

_____   _____

_____

_____   _____

_____

_____

Guests

Guests

Guests

Guests

Guests

Guests

Guests

Guests

_____   _____

                                        _____

                                        _____

_____   _____

                                        _____

                                        _____

_____   _____

                                        _____

_____   _____

                                        _____

_____   _____

                                        _____

Guests

Guests

Guests

Guests

Guests

Guests

Guests

Guests

Guests

Guests

Guests

Guests

Guests

Guests

_____   _____

_____

_____   _____

_____

_____   _____

_____

_____   _____

_____

_____   _____

_____

Guests

Guests

_____   _____

                                   _____

                                   _____

_____   _____

                                   _____

                                   _____

_____   _____

                                   _____

_____   _____

                                   _____

                                   _____

_____   _____

                                   _____

                                   _____

Guests

Guests

_____   _____

_____   _____

_____   _____

_____   _____

_____   _____

_____   _____

_____   _____

_____   _____

_____   _____

_____   _____

Guests

_____   _____

                                           _____

                                           _____

_____   _____

                                           _____

                                           _____

_____   _____

                                           _____

                                           _____

_____   _____

                                           _____

                                           _____

_____   _____

                                           _____

                                           _____

Guests

Guests

Guests

_____

_____

_____

_____

_____

_____

_____

_____

_____

_____

_____

_____

_____

_____

_____

_____

_____

_____

Guests

_____   _____

_____   _____

_____   _____

_____   _____

_____   _____

_____   _____

_____   _____

_____   _____

_____   _____

_____   _____

                                  _____

                                  _____

Guests

Guests

Guests

Guests

Guests

_____

_____

_____

_____

_____

_____

_____

_____

_____

_____

_____

_____

_____

_____

_____

_____

_____

_____

Guests

Guests

Guests

Guests

Guests

_____ _____

_____

_____ _____

_____

_____ _____

_____

_____ _____

_____

_____ _____

_____

Guests

Guests

Guests

Guests

Guests

_____   _____

_____   _____

_____   _____

_____   _____

_____   _____

_____   _____

_____   _____

_____   _____

_____   _____

_____

Guests

Guests

Guests

_____
                                    _____

                                    _____

                                    _____

_____
                                    _____

                                    _____

                                    _____

_____
                                    _____

                                    _____

                                    _____

_____
                                    _____

                                    _____

                                    _____

_____
                                    _____

                                    _____

Guests

Guests

_____   _____

_____   _____

_____   _____

_____   _____

_____   _____

_____   _____

_____   _____

_____   _____

_____   _____

_____   _____

Guests

_____   _____

                                     _____

                                     _____

_____   _____

                                     _____

                                     _____

_____   _____

                                     _____

                                     _____

_____   _____

                                     _____

                                     _____

_____   _____

                                     _____

                                     _____

Guests

CPSIA information can be obtained
at www.ICGtesting.com
Printed in the USA
LVHW102133171219
640668LV00025BA/1245/P